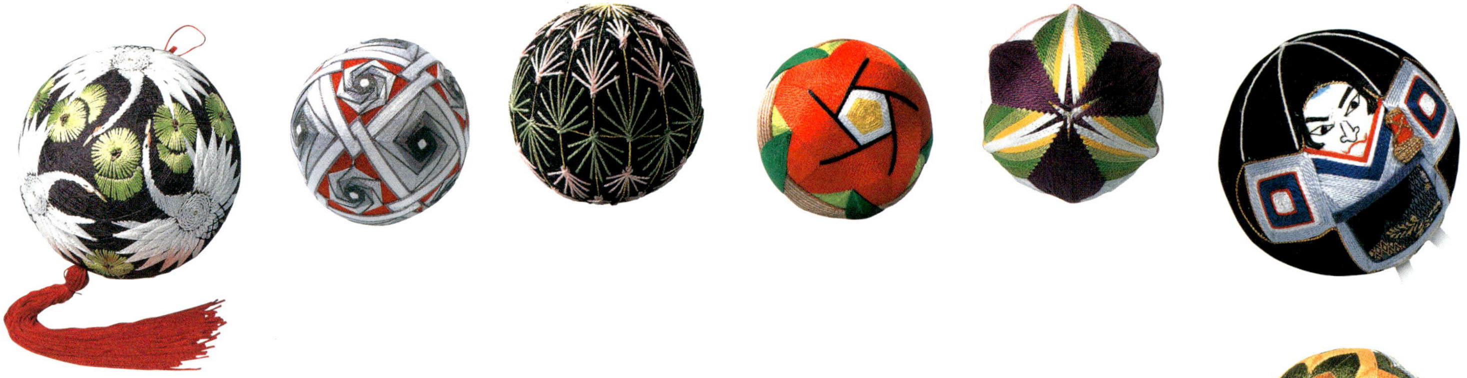

てまり

TEMARI

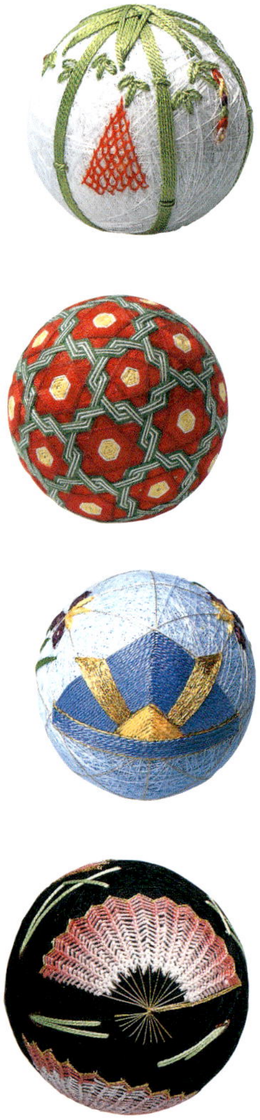

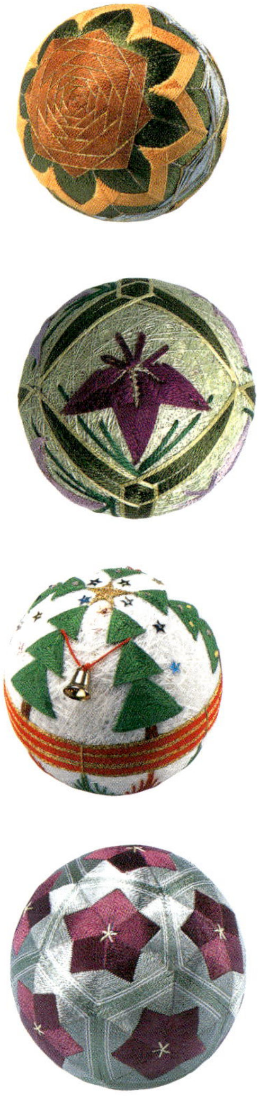

監修
日本てまりの会
文
尾崎敬子

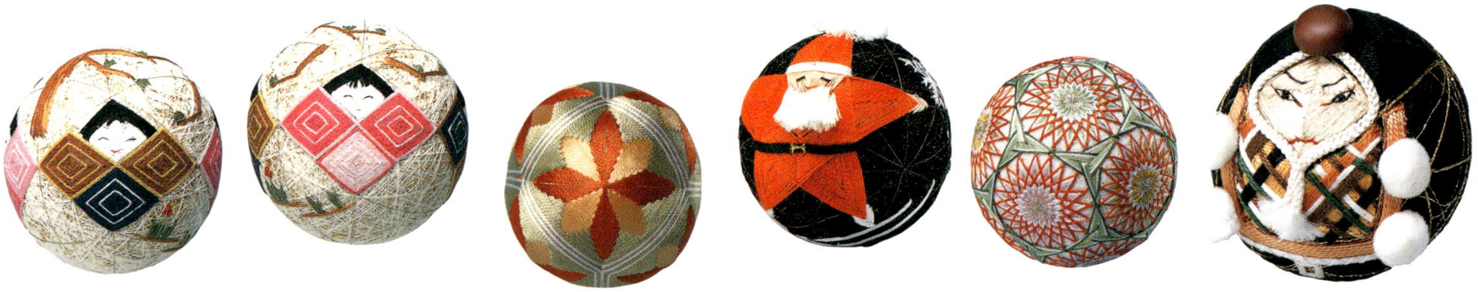

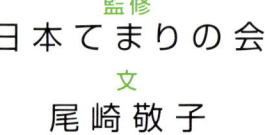

はじめに

日本に古くからあるてまりは、飛鳥《あすか》時代に中国《ちゅうごく》から伝わった鹿《しか》の皮《かわ》で作られたものが元で、当時は足で蹴《け》り上げて遊ぶ「蹴鞠《けまり》」と呼《よ》ばれ、男の人の遊びでした。今もその名残《なごり》として、鎌倉《かまくら》の鶴岡八幡宮《つるがおかはちまんぐう》や、京都《きょうと》の平安神宮《へいあんじんぐう》で行われています。

女の人の遊びになったのは、平安、室町《むろまち》時代です。御《ご》殿《てん》でお姫様《ひめさま》のために、絹糸《きぬいと》で美しくかがったものが作られるようになりました。江戸《えど》時代になり、木綿《もめん》が多く用いられるようになると、おばあさんやお母さんに作ってもらったまりで、子どもたちは遊びました。明治《めいじ》時代にゴムまりが普及《ふきゅう》し、遊びとしてのまりはゴムまりに変わってしまいましたが、現在は「飾《かざ》りまり」として多くのてまりが作られています。

今回子どもの祭り、日本の行事や、四季に咲《さ》く美しい花ばなをてまりの上にのせて表現したもの、また、個性《こせい》あふれる十二支《じゅうにし》のてまりをご紹介《しょうかい》します。さらには基本《きほん》のかがり方を4種類解説《かいせつ》していますので、親子でてまり作りをお楽しみください。

目次

美しいてまりの世界 1

お正月

1年のはじめとして1月1日を元日《がんじつ》（元旦《がんたん》）といい、気持ちを新しくして、1年間元気ですごせるように、お祝《いわ》いをします。

てまりの土台に金糸《きんし》を巻《ま》き、朱色《しゅいろ》の竹と飛び立つ鶴《つる》で、おめでたい様子《ようす》を表しました。

女の子の羽根《はね》つきの羽子板《はごいた》を、てまりの上に刺《し》しゅうでかがり、おめでたい若松《わかまつ》もそえました。

空に羽をひろげて飛ぶ鶴と松葉をかがり、赤い房《ふさ》をつけて、おめでたい感じをだしました。

飛翔《ひしょう》する鶴がくわえているのは、梅《うめ》の花。その鶴を松と竹でかこみました。

てまりの表面に縮緬《ちりめん》の布をはり、継《つ》ぎ目《め》に三《み》つ羽根《ばね》亀甲《きっこう》をかがり、おめでたい松竹梅《しょうちくばい》を刺しゅうしました。

お正月には健康《けんこう》と成長を願《ねが》って凧《たこ》あげをします。元気に空を舞《ま》う奴凧《やっこだこ》をかがりました。

ひなまつり

3月3日は女の子のおまつり。ひな人形をかざり、ひし餅《もち》、白酒《しろざけ》、桃《もも》の花をお供《そな》えして、健《すこ》やかな成長を祈《いの》ります。

古代《こだい》の髪形《かみがた》、表情《ひょうじょう》、着物をとりいれたおひなさま。鶴と亀《かめ》、松竹梅も刺しゅうしました。

平安《へいあん》時代の着物の袖《そで》を強調し、女びなには扇子《せんす》を、男びなには笏《しゃく》という薄《うす》い板を持たせます。

立ちびなを、六角《ろっかく》（亀甲）もようの中に、刺しゅうでかがったものです。

四角形、三角形を使って立ちびなを表現。かわいらしいおひなさまになりました。

てまりの代表的なかがり方、菊《きく》かがりを使って、小さなてまりびなを作りました。

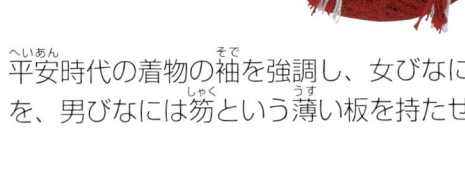

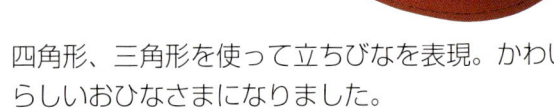

美しいてまりの世界 2

こどもの日

端午《たんご》の節句《せっく》ともいわれ、子どもが丈夫《じょうぶ》に育つようにお祝《いわ》いをします。元気に空を泳ぐこいのぼりや、武士《ぶし》の勇《いさ》ましさをてまりに表しました。

源《みなもとの》 義経《よしつね》を助けた弁慶《べんけい》をてまりにかがり、着物も弁慶縞《べんけいじま》にし、強さを表現しました。

こどもの日に飾《かざ》る兜《かぶと》をてまりにかがり、前に結びひももつけました。

兜をかぶったかわいい子どもをかがりました。顔の部分は白いフェルトです。

強い元気な子どもの代表として、金太郎《きんたろう》を三角・四角かがりで表しました。まさかりもついています。

地色の青を空に見たて、気持ちよさそうに泳ぐこいのぼりを表現しました。

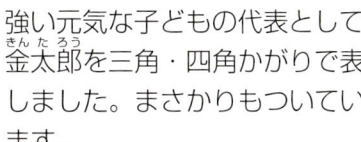

七夕《たなばた》まつり

7月7日の夜、天《あま》の川《がわ》にへだてられた彦星《ひこぼし》と織《お》り姫《ひめ》が、年に一度だけ会えるという伝説にちなんだおまつりです。

朱色《しゅいろ》の地色に緑《みどり》の笹竹《ささたけ》が華《はな》やかにうつります。短冊《たんざく》には刺《し》しゅうで文字を書きました。

織り姫にちなんで、糸巻《いとま》きや織物、色紙で作る飾りを刺しゅうで表現しました。

笹竹の間に、短冊や色紙で作る飾りを刺しゅうしました。風にゆれるようすが出ています。

平塚《ひらつか》（神奈川《かながわ》県）の七夕飾りをてまりの上に表現。立体感のある豪華《ごうか》なてまりです。

七色の糸を上下で組んで巻きかがり。間に星と笹を入れました。

上下に彦星と織り姫の星をかがり、間には色とりどりの短冊と、星、笹をちらしました。

美しいてまりの世界 3

お月見

昔《むかし》から月にはうさぎがいて、餅《もち》つきをしているという言い伝えがあり、中秋《ちゅうしゅう》の名月にはすすき、月見だんごを飾《かざ》って観月《かんげつ》をします。

数多くの星《ほし》が、月のうさぎにとどくように、星の間にすすきもかがっています。

土台の地色を生かして満月《まんげつ》にし、その上にすすきを刺《し》しゅうして、夜空の景色《けしき》にしました。

白いうさぎが月を見てはねている様子《ようす》を刺しゅうで表し、足元には草もかがっています。

てまりを月に見たてて、うさぎが餅つきをしている様子をすすきと共にかがっています。

てまりの表面に空色の布《ぬの》をはりました。かわいいうさぎが月に帰りたがっている様子です。

月の輪郭《りんかく》だけ表し、その前にうさぎを、まわりにすすきをかがりました。

クリスマス

キリストが生まれた日を祝《いわ》うおまつりで、もみの木を飾り、贈《おく》り物《もの》を用意して、サンタクロースが来るのを待ちます。

クリスマスツリーは、三角かがりを少しずつ上に重ねます。間に星とベルをちらしました。

上下にポインセチアをかがり、赤道に雪の結晶《けっしょう》とリボンを結《むす》んだら、ベルを飾りつけます。

てまり一面のクリスマスツリーに、モール、かわいいサンタ、ベル、リボンを飾ります。

子どもたちに夢《ゆめ》をとどけるサンタクロース。白いひげは綿《わた》です。足先のベルが鳴《な》ります。

金《きん》、銀《ぎん》の星、雪の結晶、ポインセチアをそれぞれの色でかがり、あとはまつりを待つばかりです。

美しいてまりの世界 4

四季《しき》の花

丸いてまりの特性《とくせい》を生かし、春、夏、秋、冬のさまざまな花をかがりました。季節ごとに飾《かざ》って楽しむことができます。

梅《うめ》

春一番に咲《さ》く梅。てまりの土台の色を花に見たてたり、刺《し》しゅうや糸を交互《こうご》に重ねてかがることで花やつぼみを作り、てまり全体を花でうめつくしました。

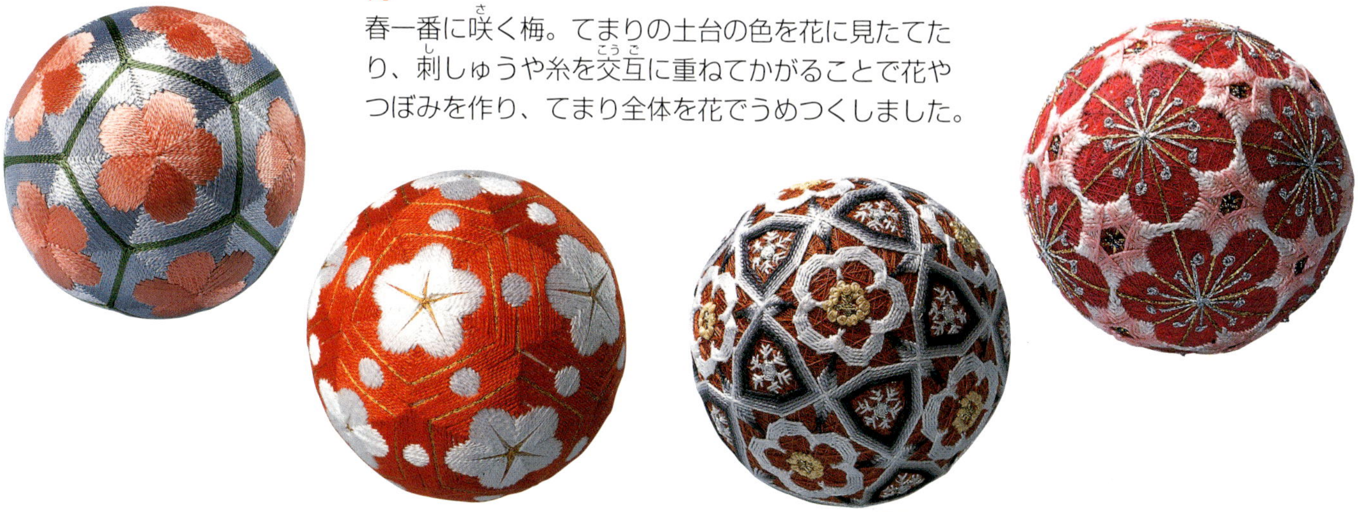

水仙《すいせん》

まだ寒い早春の中に咲く、白や黄色の花が心を和《なご》ませます。糸をくぐらせながら花を表現《ひょうげん》したり、三角形をずらして6枚《まい》の花びらをかがりました。

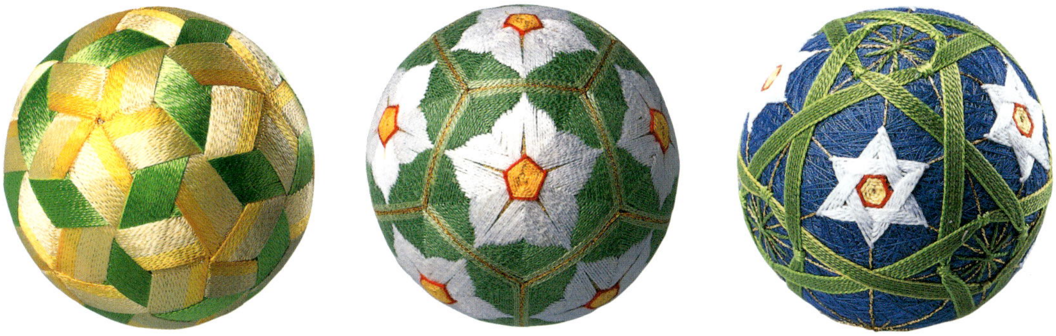

椿《つばき》

紅色《べにいろ》の花びらと、つやのある緑《みどり》の葉が美しい椿。四角形、五角形、六角形でかがり、黒い線でひきしめます。

桜《さくら》

日本の代表的な花、桜を三角形、五角形を交差《こうさ》してかがったり、土台の糸を生かしたり。また水面の渦《うず》の上にうく花びらを、てまりの上で表現しました。

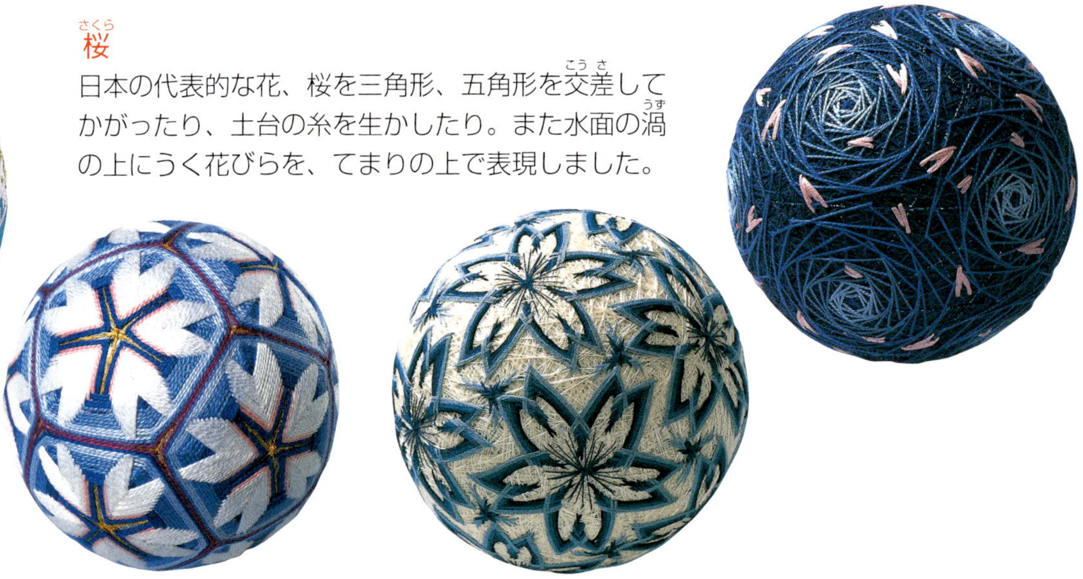

美しいてまりの世界 5

バラ

春咲き、秋咲きがあるバラは、色もさまざまです。四角形や五角形をそれぞれ交互《こうご》に重ねて、花と葉をかがったり、四角形と六角形の上に糸をななめにかけて花を表しています。

つゆ草

道のほとりに青い小さい花を見つけ、てまりの上に咲《さ》かせました。黒の土台の上に四角い花びら、黄色の花心《かしん》や緑《みどり》の茎《くき》、葉がひきたち、きれいなてまりです。

ねじり花

別名「もじずり」といい、芝生《しばふ》の中に咲く花です。小さい花が自然にねじれていく様子を、上下の三《み》つ羽根《ばね》亀甲《きっこう》かがりの間に入れ、可憐《かれん》さを表現《ひょうげん》しています。

紫陽花《あじさい》

初夏《しょか》にかかせない花です。まりの形に咲くので、まり全体を花に見たてたり、がく紫陽花のようにしたり、花の中に咲く花にしたりと、さまざまです。

ヒマワリ

真夏になくてはならないヒマワリ。強い太陽の光をうけて咲く黄色の花は、見る人を元気にさせます。上下二面の花と、四角かがりをずらしながら作るてまりです。

美しいてまりの世界 6

桔梗《ききょう》

初夏から秋にかけて咲く花の色そのままに、糸を交差《こうさ》させて5枚《まい》の花びらをかがったり、刺《し》しゅうしたり、藤《ふじ》色と交互《こうご》に菊《きく》かがりをしたりと、さまざまです。

菊《きく》

秋の代表的な花、菊。てまり全体を一つの花に見たてたり、小さい花をそれぞれ交差かがりや菊かがりでかがって、はなやかに飾《かざ》りました。

十二支《じゅうにし》

十二支とは昔《むかし》の暦《こよみ》で、十二種類の動物にちなむ呼《よ》び名《な》で日時を数えていました。今では生まれ年としての使われ方が残っています。

子《ね》（ねずみ）

牛《うし》（うし）

寅《とら》（とら）

卯《う》（うさぎ）

辰《たつ》（たつ）

巳《み》（へび）

午《うま》（うま）

未《ひつじ》（ひつじ）

申《さる》（さる）

酉《とり》（とり）

戌《いぬ》（いぬ）

亥《い》（いのしし）

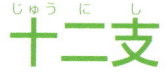

てまりを作ろう 1

てまりかがりの材料は、身近《みぢか》にあるものを利用してできます。使いやすいものを選んで作ってみましょう。

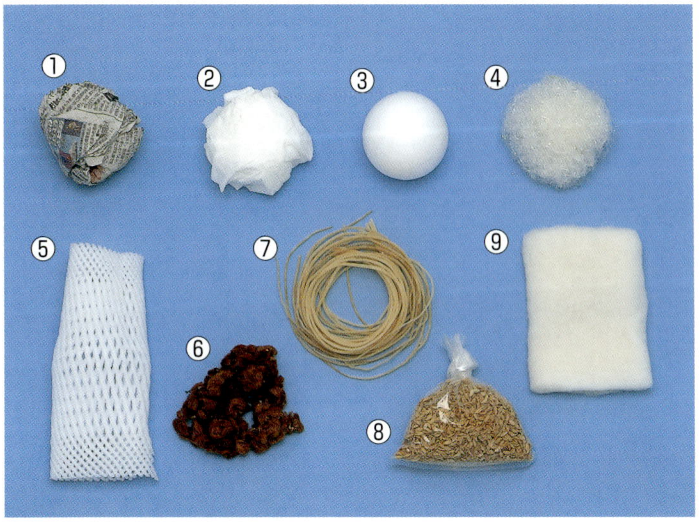

土台になるもの

①新聞紙　②ティッシュペーパー
③市販《しはん》されている発泡《はっぽう》スチロールの土台まり　④セロファンパッキング
⑤果物用《くだものよう》ネット　⑥ゼンマイの綿《わた》　⑦灯芯《とうしん》　⑧もみがら　⑨化繊《かせん》の綿《わた》
※③を使用する場合、かがる時は針先《はりさき》が土台にささらないようにします。

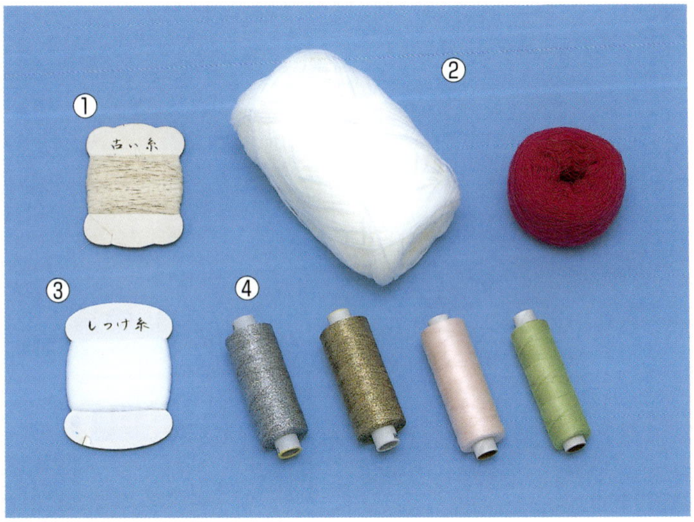

土台を巻《ま》くもの

①木綿糸《もめんいと》　②化繊の極細《ごくぼそ》毛糸　③木綿の白いしつけ糸
④地巻《じま》き糸各色

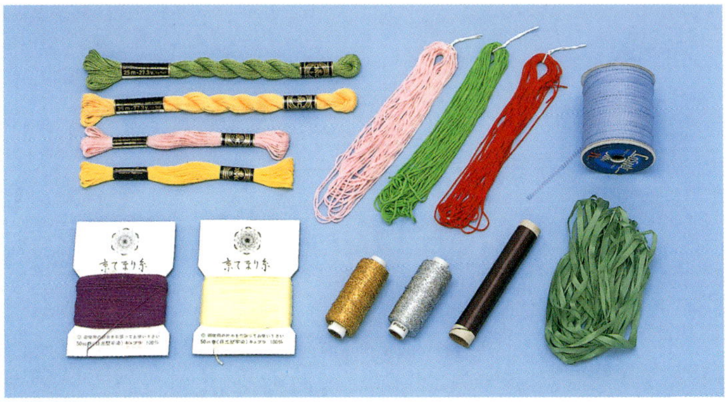

地割り糸・かがり糸

市販されている刺《し》しゅう糸や、てまり用糸

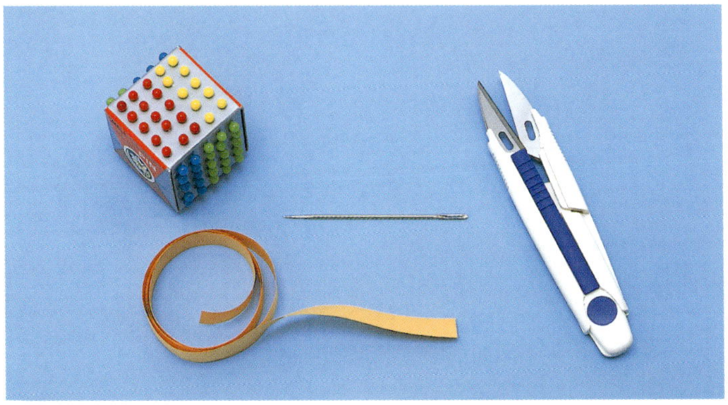

用具

まち針・刺しゅう針・はさみ・紙テープ
まち針は、地割りや模様《もよう》をかがっていく時の目印に使うので、何色か用意しておきます。紙テープは、等分《とうぶん》や地割りを決める時に使うので、やや厚手《あつで》の1cm幅《はば》くらいのものを用意し、土台まりの円周《えんしゅう》より長めに切っておきます。

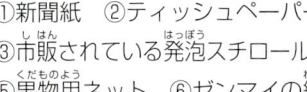

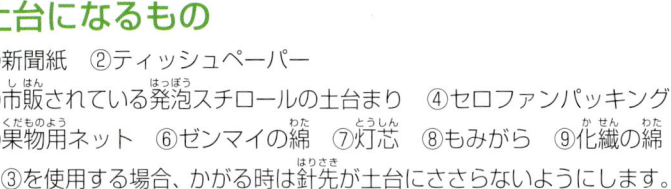

土台作り

てまりは土台作りが基本《きほん》です。はじめは丸《まる》くならなくても、手のひらでころがしているうちに、だんだんと、正確《せいかく》で美しい球体《きゅうたい》ができるようになります。根気《こんき》よく取りくみましょう。

① 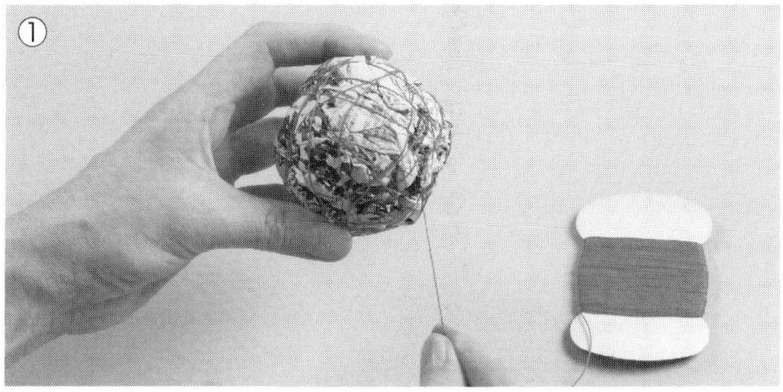

新聞紙をよくもんで、やわらかくしてまるめます。だいたいの球体にするために、ありあわせの木綿糸で巻きます。糸がゆるまないようにしっかり巻き、凹凸《おうとつ》も直すようにしながら巻きます。

② 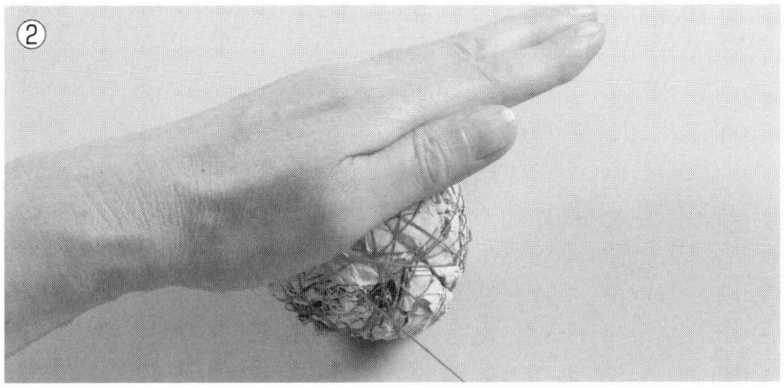

全体をきれいな球体にするため、台の上で手のひらでころがしながら回します。むらなく丸くなるように、この作業を2〜3回くり返しながら、糸を巻いていきます。

③ 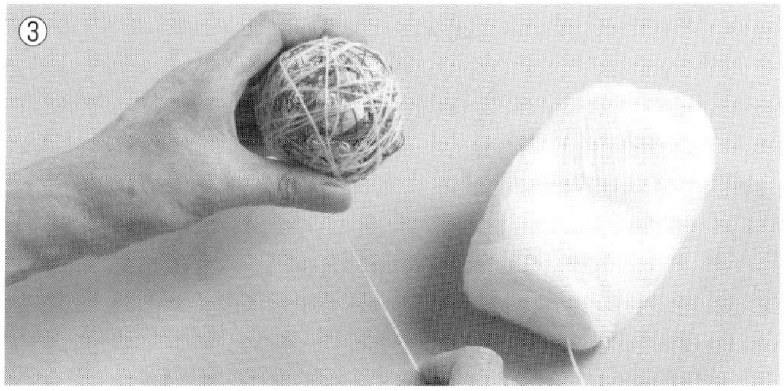

次に化繊《かせん》の極細毛糸を巻きます。色土台まりを作りたい時は、最《さい》後《ご》に巻く地巻き糸に近い色の毛糸を選びます。ない場合は、色和《いろわ》紙《し》を毛糸の上におおって丸くするという方法もあります。

④ 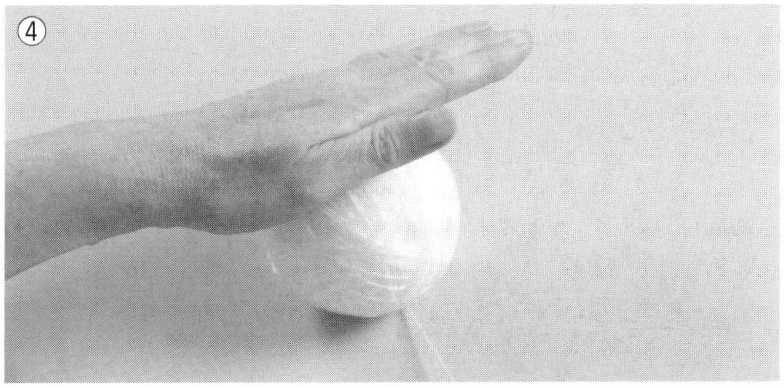

後で針《はり》のとおりがいいように、手のひらでころがしながら②と同じ作業をくり返します。全体にむらなく、一か所が高くならないように、糸を引きながらまんべんなく巻いていきます。

⑤ 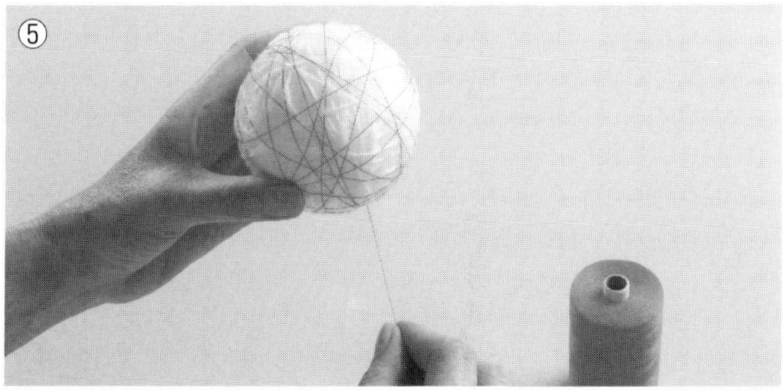

次に地巻《じま》き糸を巻きます。毛糸を巻いた時と同様に、ときどきころがして形を整えながら巻きます。色土台まりを作る場合は、色地巻き糸か、25番刺《し》しゅう糸1本取りを使います。

⑥ 

巻き終わったら糸の端《はし》を針にとおして、土台の中を3〜4回くぐらせて始末《しまつ》します。市販《しはん》の発泡《はっぽう》スチロールのまりを使う場合は、③から同様に作ります。

てまりを作ろう 2

4等分《とうぶん》の地割《じわ》り

土台まりを等分に割ることを<地割《じわ》り>といいます。正確《せいかく》に等分することで、きれいな模様《もよう》もできるので重要です。土台まりを地球に見たて、まち針《ばり》と紙テープを使って作業します。使用する糸はラメ糸か、かがり糸です。

① 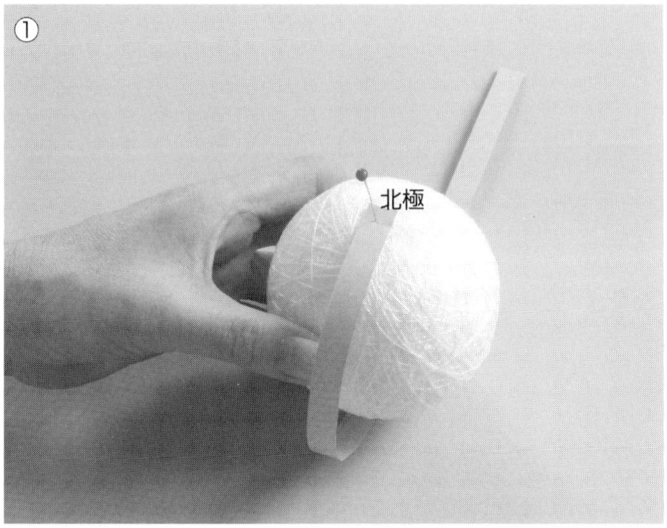

土台まりの一か所に紙テープの端《はし》をあて、まち針1本でとめます。その針の位置を<北極《ほっきょく》>とよびます。

② 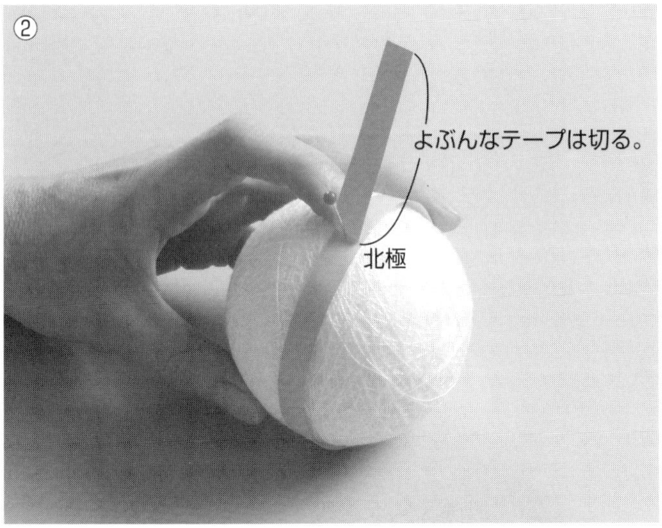

紙テープを1周させてまち針の根本《ねもと》で折《お》り返《かえ》し、まりの円周を測《はか》ります。1周させる場所をかえて何回か測り、正確な円周《えんしゅう》をだします。

③ 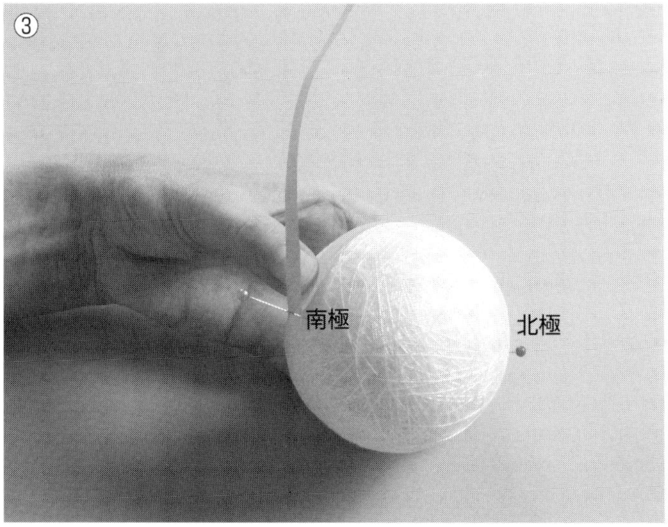

紙テープを二つ折りにしてまりを半周し、折り目の位置にまち針をうち<南極《なんきょく》>とします。②同様何回か測り、南極の正確な位置を決めます。

④ 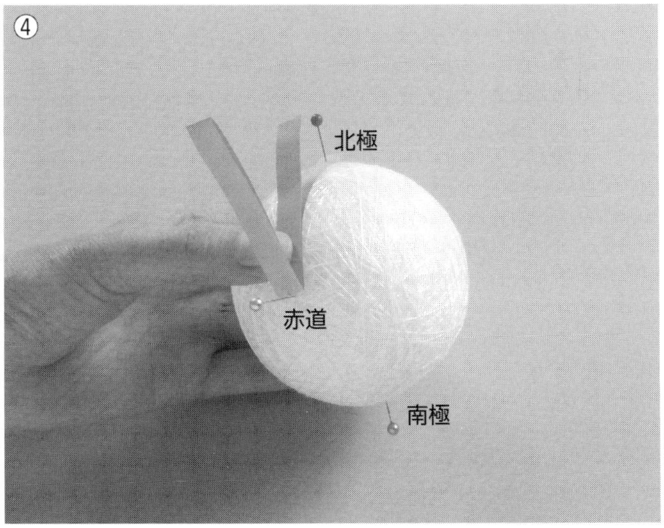

紙テープを四つ折りにすると円周の4分の1の長さになります。折り目の位置が<赤道《せきどう》>です。テープを回してまち針をうちます。

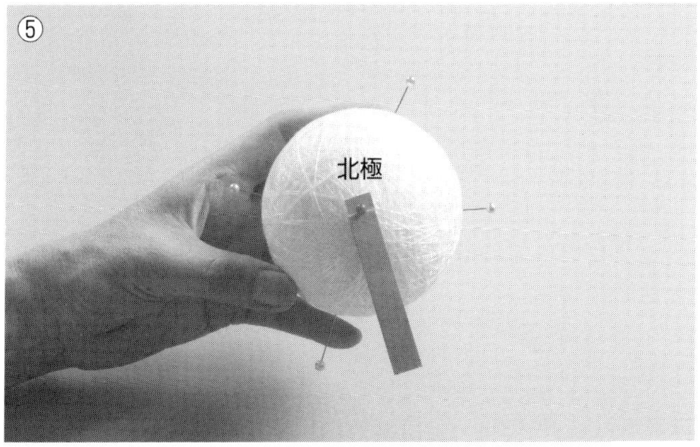

赤道を4等分するようにまち針をうったら、北極のまち針はそのままで紙テープだけをひっぱり、はずします。

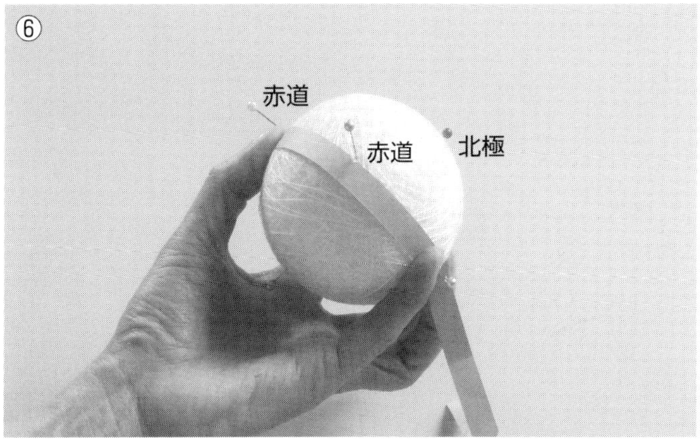

紙テープの4分の1の場所に山型《やまがた》の切りこみを入れ、赤道上の1本のまち針を基点《きてん》に、切りこみにまち針を移動《いどう》します。

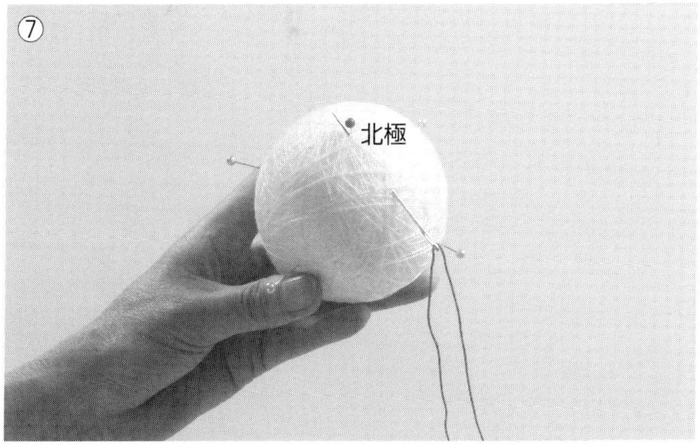

北極、南極、赤道上の4等分の位置が決まりました。次に針を北極から2～3cm離《はな》れた位置に入れ、北極のまち針のきわに出します。

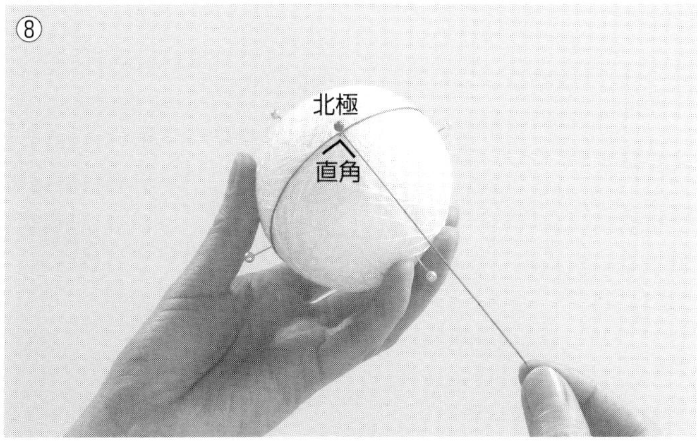

北極から赤道、南極、赤道のまち針をとおって北極へもどり、直角にまがります。南極で交差《こうさ》する時、土台糸をひと針すくいます。

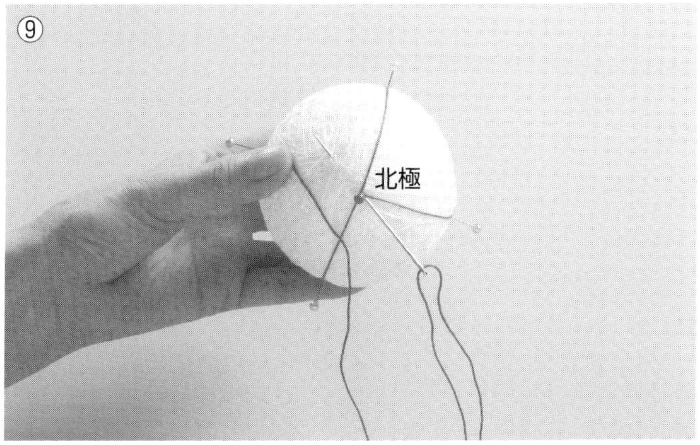

南極から赤道に進み、赤道の針にかけて直角に曲がり、赤道上のまち針の位置でひと針ずつすくいます。1周したら北極にもどります。

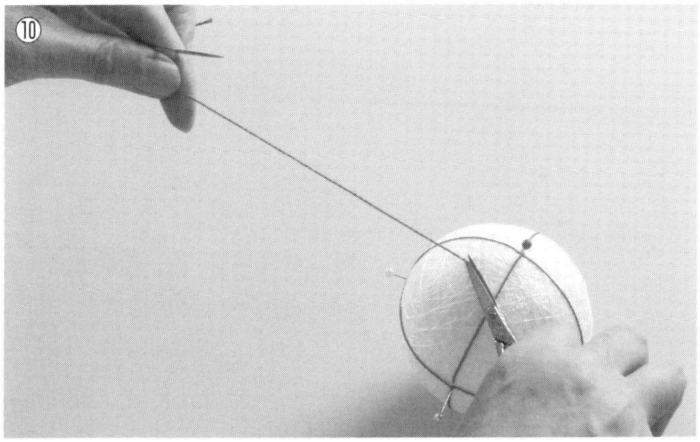

北極にもどったら写真⑨のように針を入れ、もう一度くぐらせ、糸のゆるみ、まち針からのずれを直して、糸を切ります。

てまりを作ろう 3

巻《ま》きかがり（8等分《とうぶん》）

土台を針《はり》ですくわず、糸を巻いて模様《もよう》を作ります。糸の本数や使う色によって模様の雰囲気《ふんいき》がかわるので、好《す》きな色を選んでください。糸は土台まりの上においていく感じで、ゆるんだり、きつくならないようにしましょう。

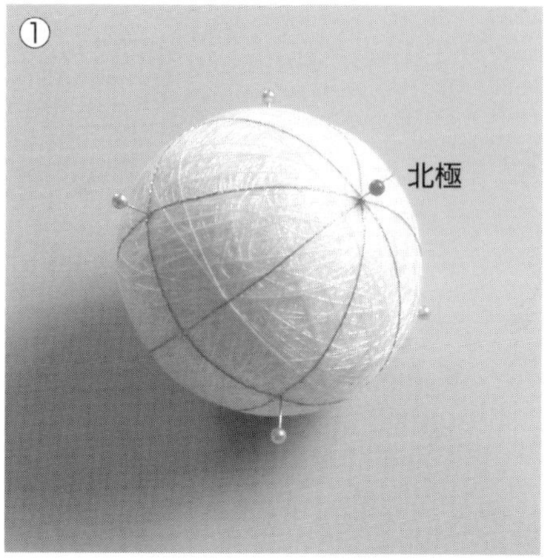

金糸《きんし》で4等分の地割《じわ》りから赤道《せきどう》をさらに2等分して8等分にします。糸はゆるまないように交差《こうさ》するところでしっかりとめます。

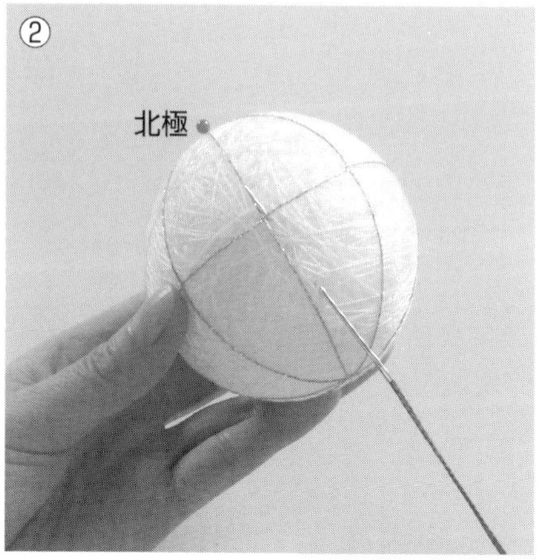

えんじの糸で赤道より2cm離《はな》れたところから針を入れ、赤道の上、縦《たて》の金糸の横に出し、金糸にそって巻いていきます。

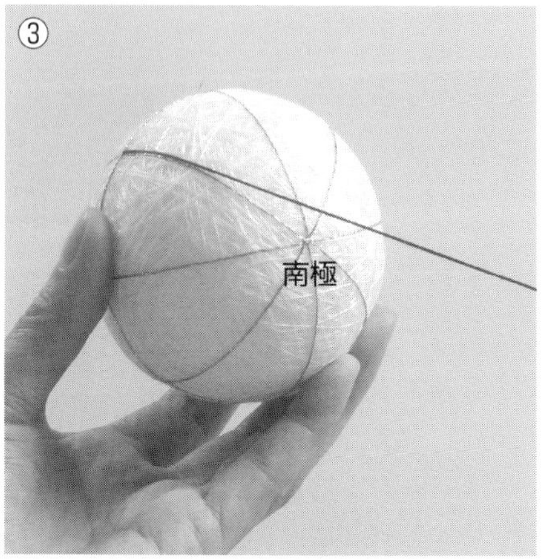

1周したら、そのまま糸がゆるまないように、すき間をあけず、となりの糸につけるようにして4周します。

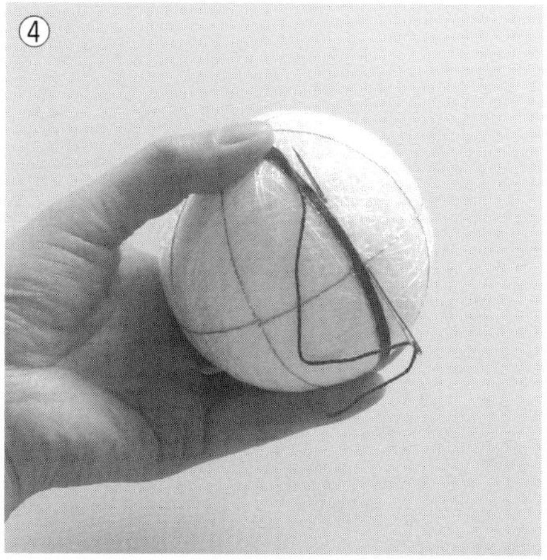

4周して出発点の赤道にもどったら糸を針にとおし、赤道の金糸の下をくぐらせて、2cm位北極《ほっきょく》側の糸にそって出し、切ります。

④と同様に金糸の両側を赤、黄、オレンジ、緑《みどり》、黄緑、紫《むらさき》、青の順に巻き、北極と南極《なんきょく》は上に重ねるようにして巻きます。

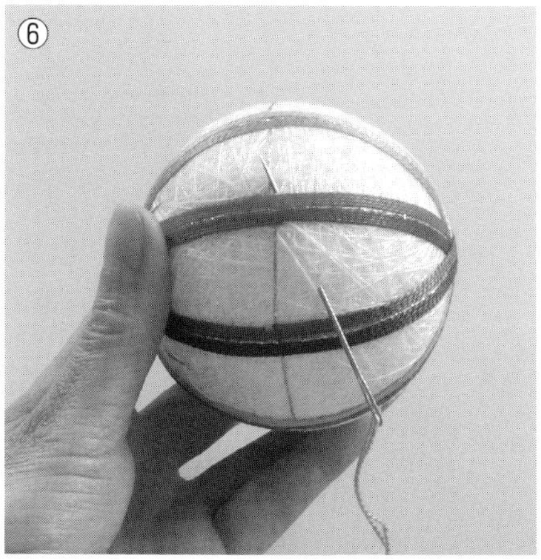

赤道の金糸の両側をピンクで4周ずつ巻き、さらにピンクの外側を藤《ふじ》色で2周ずつ巻いて、帯《おび》を仕上げます。

金糸を円周《えんしゅう》の3倍半位の長さに切り、赤道の帯の上（縦に巻いた糸の左側）から針を出し、⑧の写真を参照してかがります。

かがりはじめにもどったら、今度は赤道の帯の下に針を出し、⑦でかがった糸と交差するようにかがります（千鳥《ちどり》かがり）。

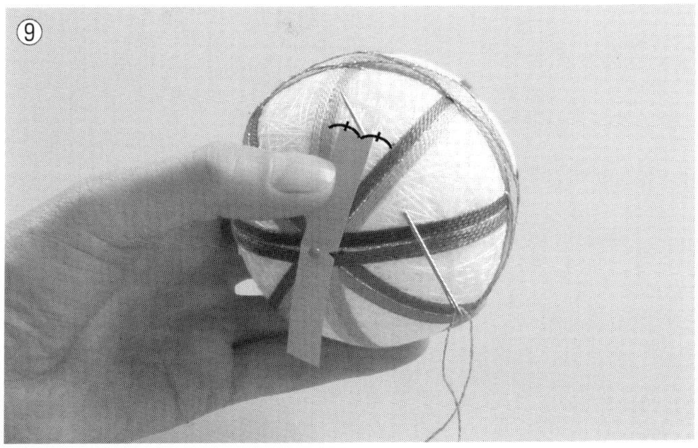

円周を決めた紙テープを4分の1に切り、まん中をまち針で北極にとめたら、写真のように縦の糸の中央にくるよう針を出します。

紙テープの下をとおり、北極を通過《つうか》して反対側の紙の端《はし》に針を入れたら、紙を左に回して順番にかがっていきます（松葉《まつば》かがり）。

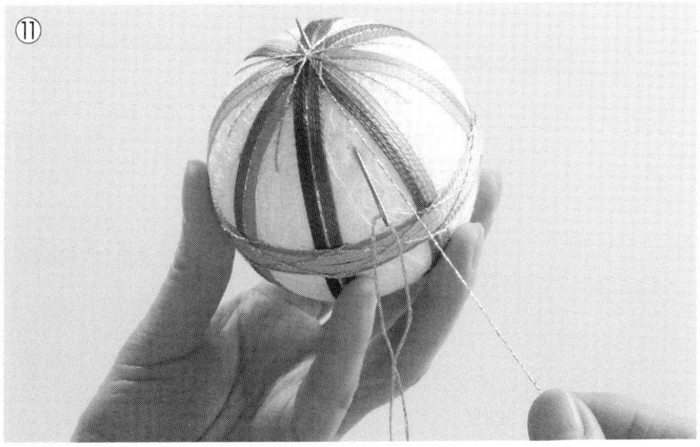

最後の松葉の先に針を入れたら、北極に針を出し、すべての金糸の中心をまとめてとめ、離れたところに針を出して糸を切ります。

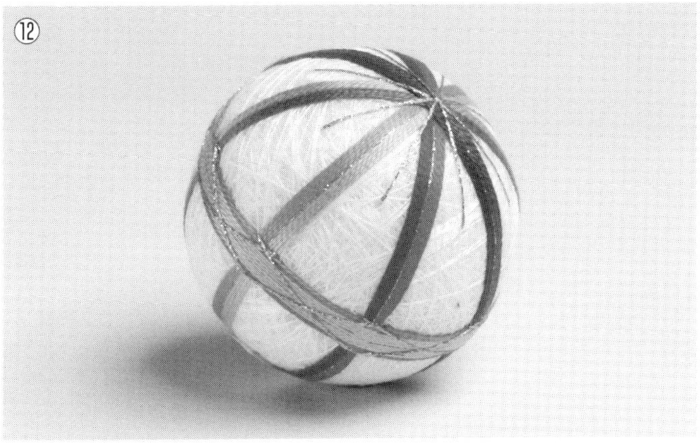

南極側も同じように松葉かがりをしたら、できあがりです。

てまりを作ろう 4

上下同時《じょうげどうじ》かがり（8等分《とうぶん》）

北半球《きたはんきゅう》から南半球《みなみはんきゅう》に糸をわたして、赤道《せきどう》で交差《こうさ》させながらかがると、両半球に同じ模様《もよう》が同時にかがれます。地割《じわ》りはかならず偶数《ぐうすう》での等分に。糸をつめてかがったり、間隔《かんかく》をあけてかがると、さまざまな模様になります。

① 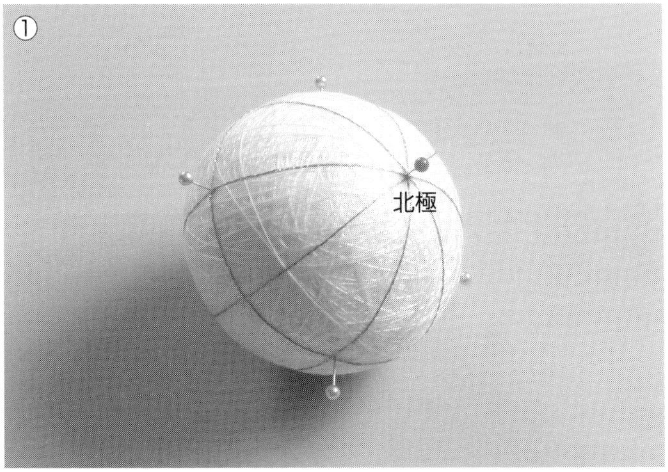

4等分の地割りから、さらに間を2等分して8等分の地割りにします。金糸《きんし》でかがり、ゆるまないようにしっかりとめます。

② 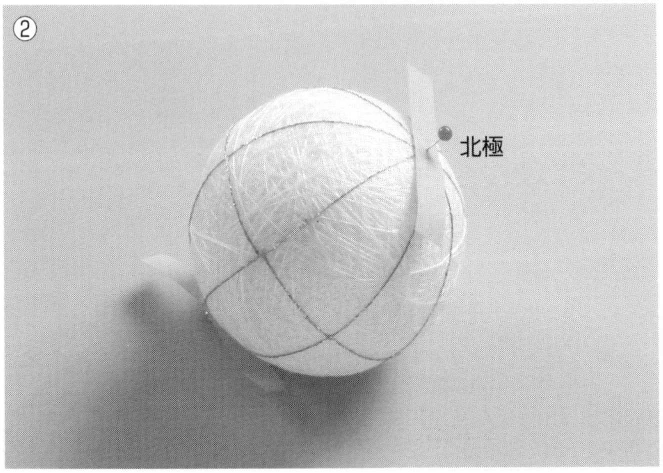

円周《えんしゅう》の4分の1の紙テープの中心を、北極《ほっきょく》、南極《なんきょく》にそれぞれまち針《ばり》でとめます。つねに北極を上にしてかがっていきます。

③ 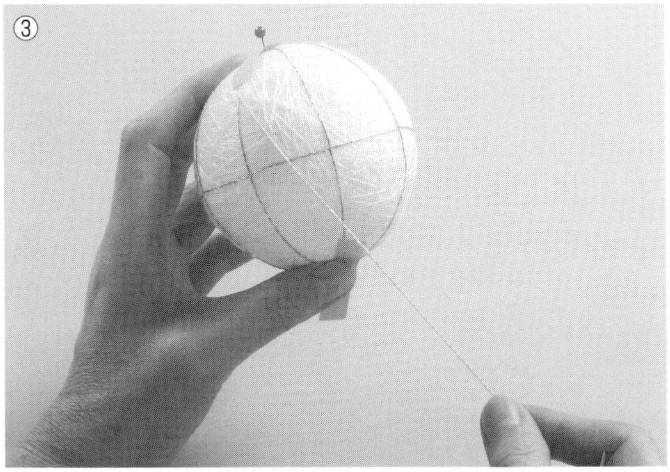

北極の紙テープを地割り糸の上にのせ、紙テープの端《はし》、金糸の左から針を出し、赤道を通って右下南極のテープの端をかがります。

④ 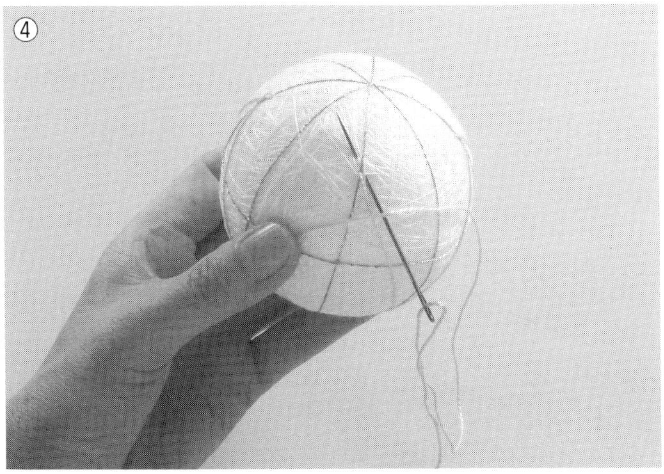

下から赤道を通って上、上から赤道を通って下とくり返し、はじめにもどったら右に針を入れ、2段目は3mm位斜《なな》め上に出します。

⑤

2段目は北極側は上に、赤道で交差して南極側は下に進むようにかがっていき、黄色4段、緑《みどり》4段、えんじ4段ずつかがります。

⑥

赤道上では幅をひろげないように、上に重ねるようにします。もりあがってしまっても、あとで赤道上を帯で巻くので大丈夫です。

⑦

かがりはじめにもどったら金糸の右側に針を入れ、最後の糸にそって2cm位もどし、糸を引きぎみにして切ると切り口が中に入ります。

⑧

赤道の上下に緑の糸で6段ずつ巻きかがりをし、赤道で交差した糸をまとめるように、金糸で1段ずつ千鳥《ちどり》かがりをします。

⑨

北極、南極に松葉《まつば》かがりをします。赤道の上下に交差《こうさ》したところより、長めに糸をわたします。

⑩

かがりはじめる高さによって模様の雰囲気もかわり、色、かがる段数によっても、またちがった感じに仕上がります。

てまりを作ろう 5

三《み》つ羽《ば》根《ね》亀《きっ》甲《こう》かがり（6等《とう》分《ぶん》）

この模様《もよう》は必《かなら》ず6等分《とうぶん》の地割《じわ》りでかがります。中心に6角の亀甲模様を作り、そのまわりに3枚《まい》の羽根を一筆《ひとふで》でかがるようにして模様を作ります。段数《だんすう》をつめると大きな模様になり、少なくするとすっきりとした模様になります。

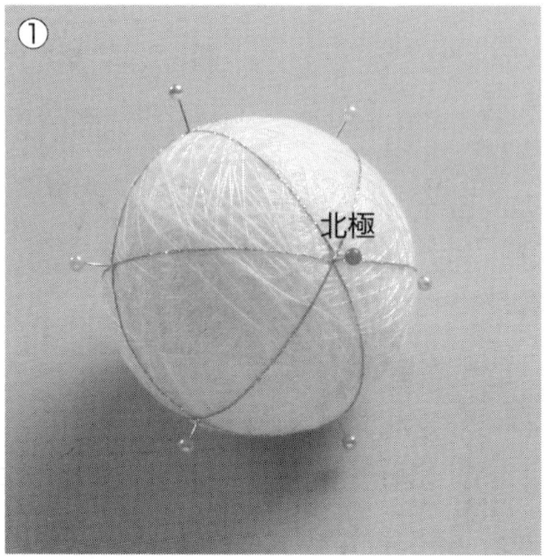

北極《ほっきょく》、南極《なんきょく》、赤道《せきどう》を決め6等分したら、金《きん》糸《し》で6等分の地割りをします。交差《こうさ》するところはしっかりとめます。

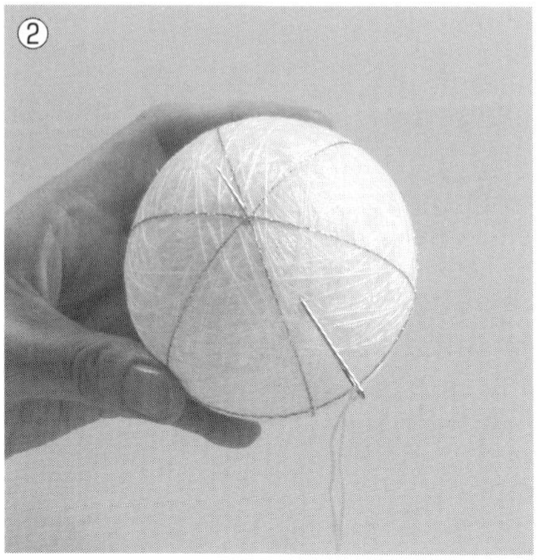

北極側のいずれかの金糸の左側から針《はり》を出し、となりの金糸を一針かがり、順《じゅん》に右へと一針ずつかがって6角形を作ります。

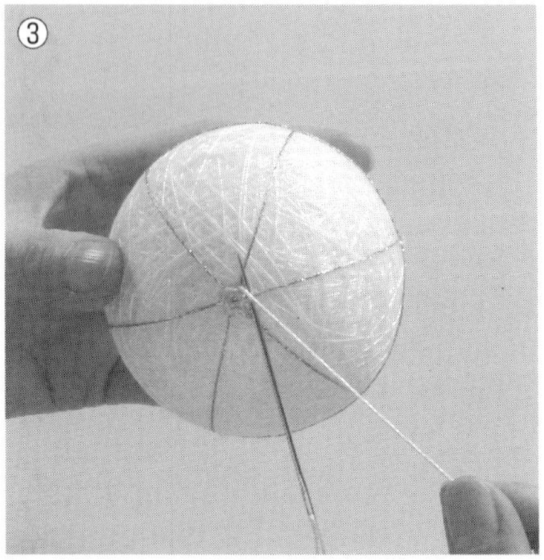

そのまま黄色の糸で5段かがります。間があかないように、前の糸に並《なら》べるようにしてかがっていきます。

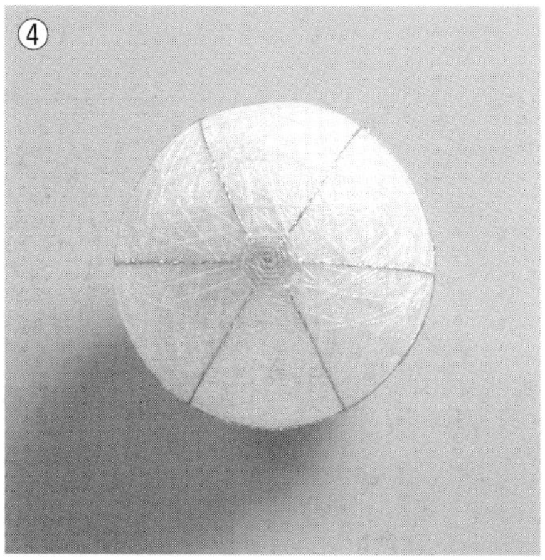

両極に6角形をかがったら、北極と赤道間を3等分し、赤道から3分の1の位置《いち》にまち針を、地割り1本おきにうちます。

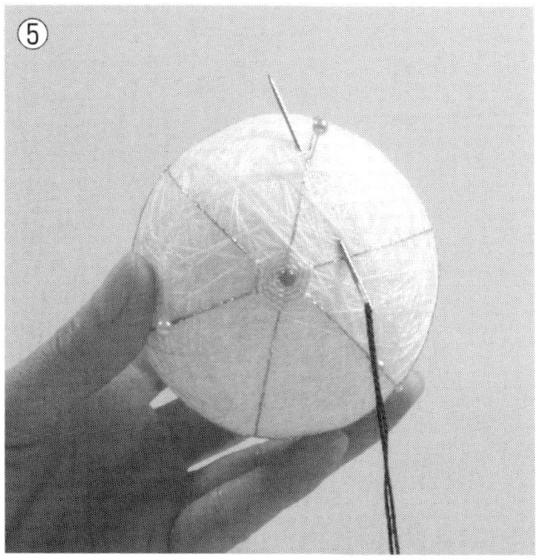

黒の糸でまち針のきわ、金糸の左に針を出し、地割り糸を1本こえて、次の地割り糸の6角形のきわに向かいます。

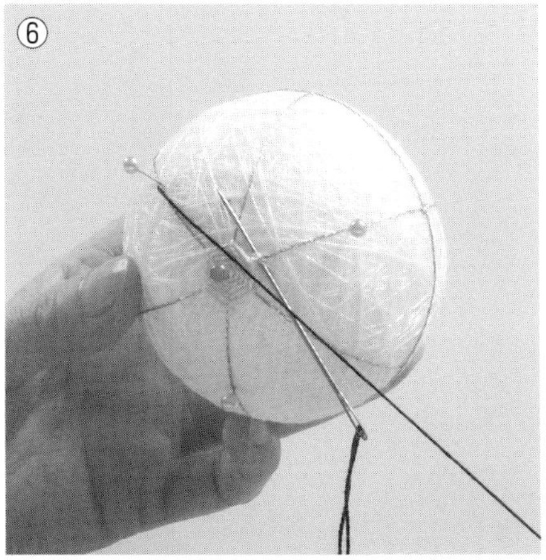

黒の糸を6角形の黄色の糸に並べるようにして、1本こえた地割り糸の手前から針を入れ、写真の位置から出します。

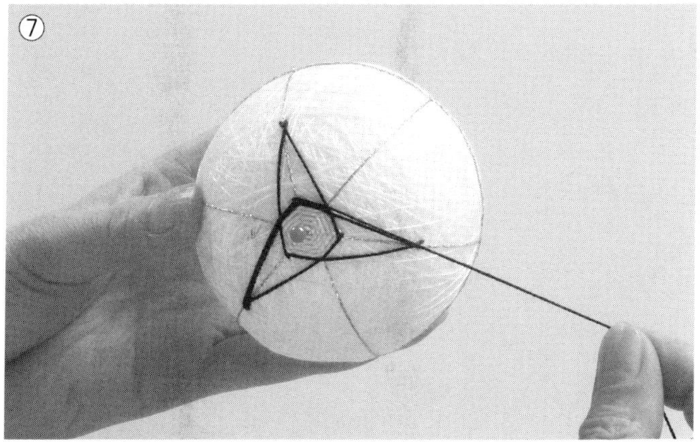

⑥で出た針を、また1本とびこした地割り糸のまち針のきわに入れます。この作業を時計回りに続け、2周《しゅう》すると模様ができます。

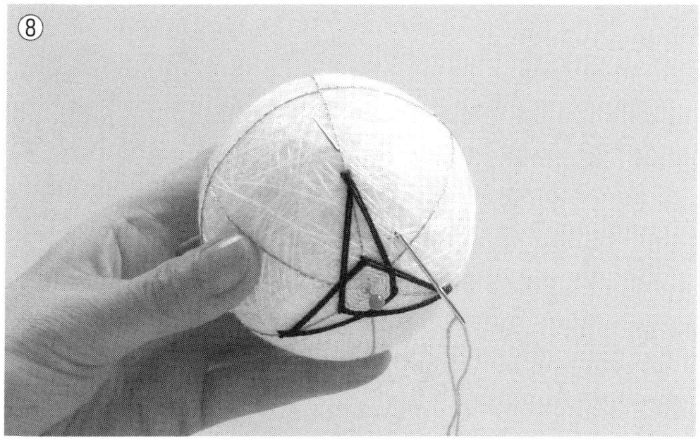

次はピンクで5段、黒2段、緑《みどり》5段、黒2段の順番でかがっていきます。羽根の先に針を入れる時は、3mm位上をさします。

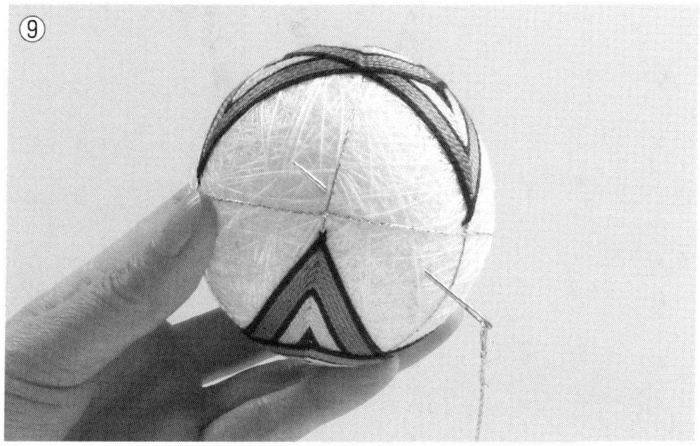

南極側は羽根の先を北極とずらします。金糸で赤道より5mm上に針を出し、南極側にすすみ、右側の地割り糸をすくいます。

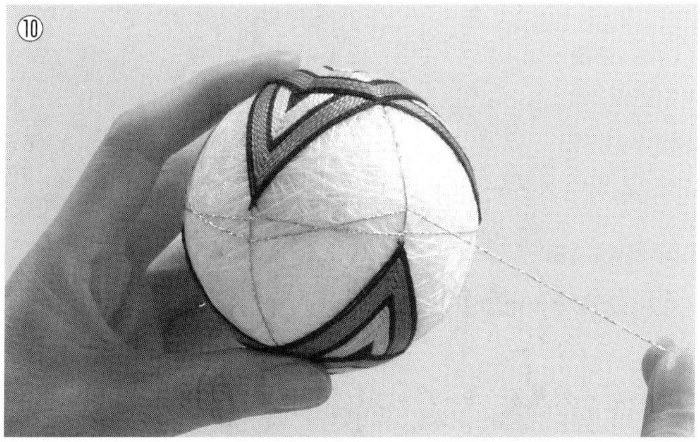

赤道をまたいで北極と南極の地割り糸を5mm間隔《かんかく》ですくっていきます。出発点にもどったら、さらに5mm上を同様にすすみます。

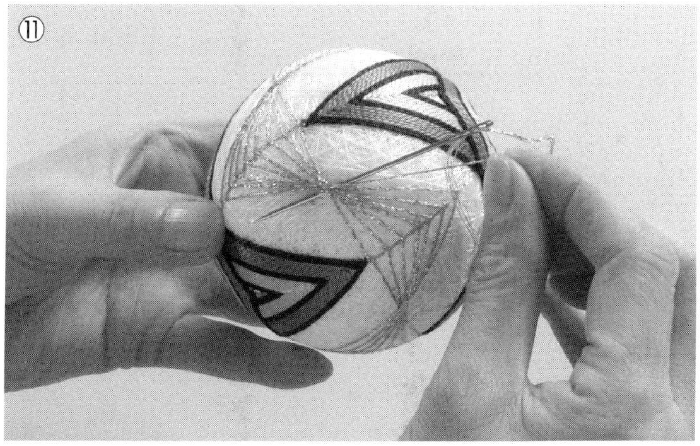

⑩をくり返して5mmを目安《めやす》に上をさしながら、6角形の角までさしていきます。赤道から角まで等間隔《とうかんかく》になるようにします。

両極にさしていくうちに、6角の亀甲模様ができあがり、羽根の間には金糸の山型のてまりができあがります。

てまりを作ろう 6

上《うわ》掛《が》け千鳥《ちどり》かがり・菊《きく》かがり（8等分《とうぶん》）

何等分でもできますが、偶数《ぐうすう》等分の時は2本の針《はり》を交互《こうご》にさして、地割《じわ》り線《せん》上《じょう》に千鳥かがりをします。中心側の2段目《だんめ》からは、土台の糸、地割り糸、前段のかがり糸を全部すくいます。糸は少しゆるめの方がきれいに仕上がります。

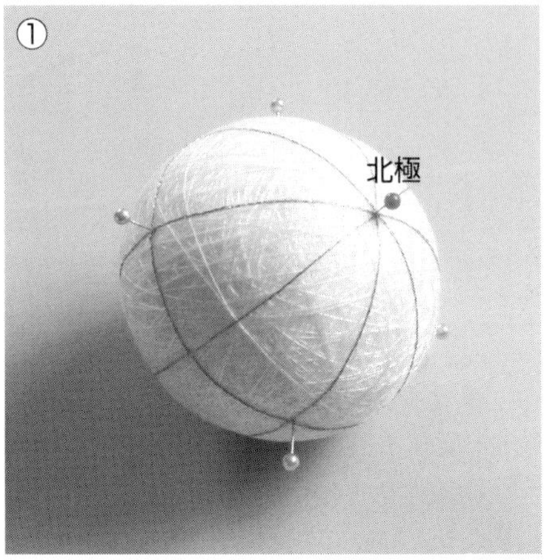

4等分の地割りから、さらに8等分にします。地割りの糸はゆるまないように、少しきつめにします。

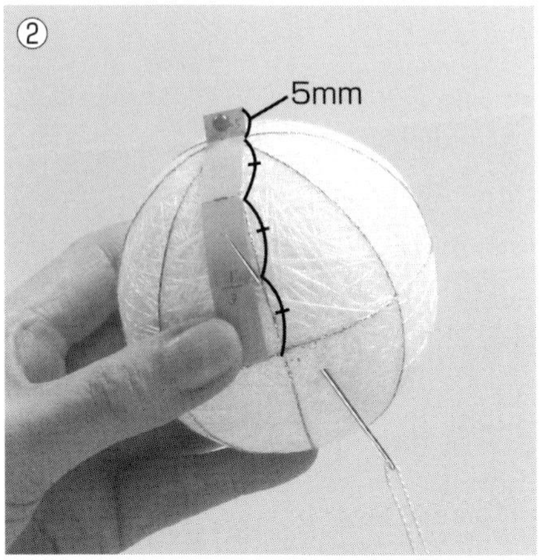

紙テープで5mmの所を北極《ほっきょく》に針でさします。赤道《せきどう》から3分の1北極側の金糸の左に、黄色の糸をとおした針を出します。

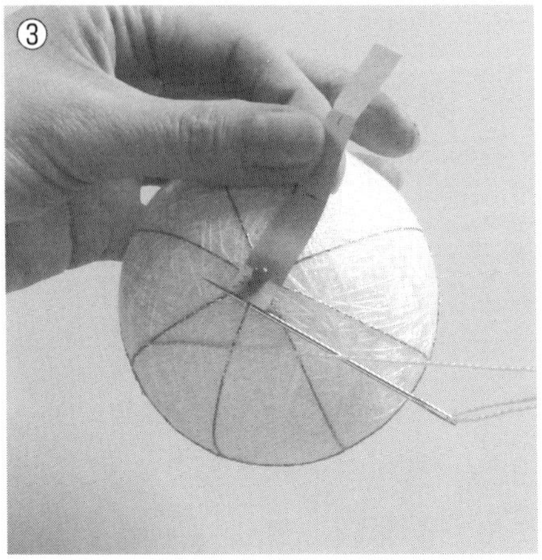

紙テープを回して右どなりの地割り糸を、紙テープの端《はし》にそって（5mmの位置《いち》）針をさします。糸はゆるめにしておきます。

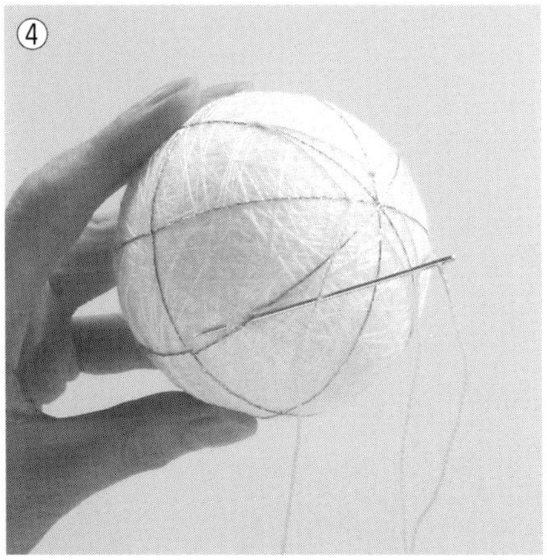

赤道から3分の1、北極から5mm下を交互にさしながら1周したら、針先を3mm下に斜《なな》めに出して休めておきます。

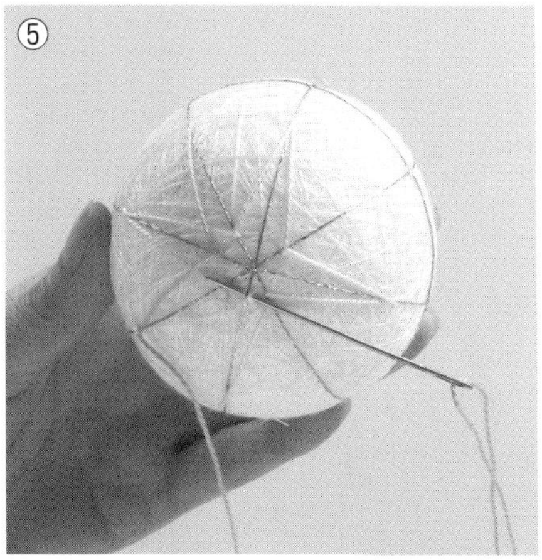

ピンクの糸で、左どなりの地割り糸から、③④と同じようにさしすすみます。黄色の糸の上を交差《こうさ》して、さしていきます。

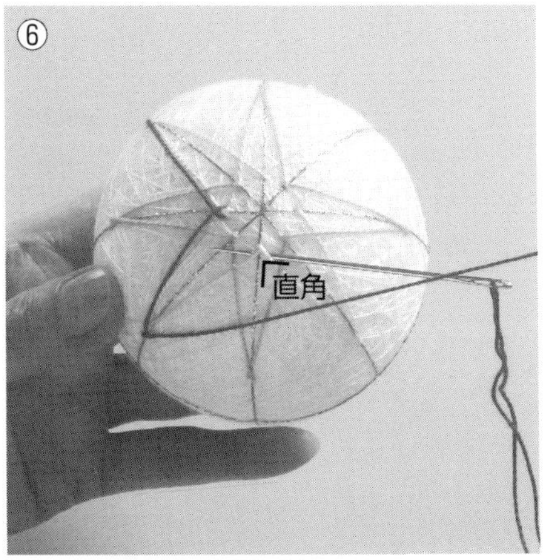

④の黄色の下に、緑《みどり》で同じようにさします。北極側は地割り線に対して直角にさし、下は3mm下をさします。

⑦

③〜⑥をくり返します。色の組み合わせと段数は、黄1、緑3、黄1、緑1、黄1、緑2で、ピンクは赤と組み合わせて同様です。

⑧

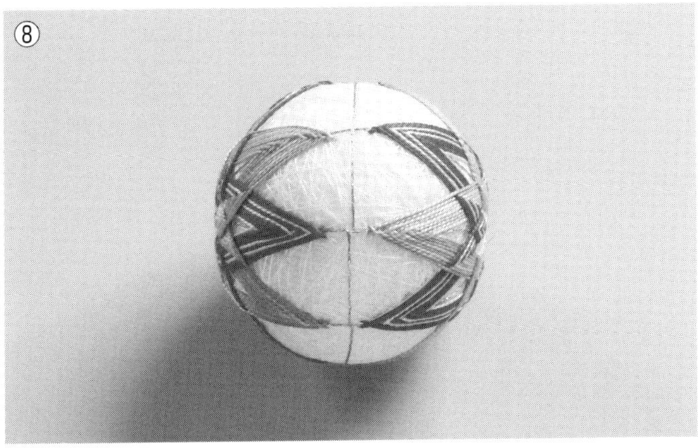

赤道から5mmの位置まで、花びらの先がすっきりとのびるようにさしていきます。南極と北極では花びらの先の色をずらします。

⑨

赤道の上下を紫《むらさき》の糸で4段ずつ巻き、帯模様《おびもよう》にします。巻《ま》き終わりは最後の糸にそって2〜3cm戻《もど》して糸を切ります。

⑩

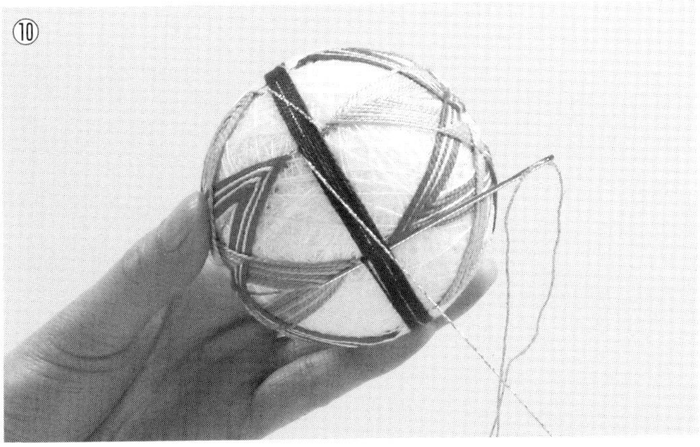

紫の帯の上を、金糸で斜めにさしてきます。地割り線では、針を上から入れたらまっすぐ下に出し、斜めに糸をわたします。

⑪

1周したら地割り線の左に針を入れ、2〜3cm離《はな》して針を出し、糸を切ります。帯をとめる模様は自分でかえてもいいでしょう。

⑫

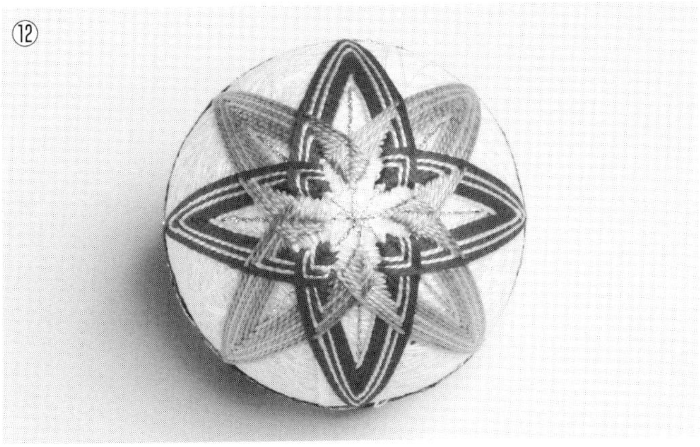

それぞれの花びらを色をかえてさしましたが、同じ色でさしても美しくできあがります。地割りの数をかえても楽しいでしょう。

てまりの歴史《れきし》

蹴鞠《けまり》からてまりへ

日本古来の伝統的《でんとうてき》なてまりの起源《きげん》は、飛鳥《あすか》時代に中国《ちゅうごく》から渡来《とらい》したといわれています。その頃のてまりは鹿革《しかがわ》で作られており、貴族《きぞく》の人たちの「蹴鞠」という遊戯《ゆうぎ》に使われていました。

大化《たいか》元年（645）、中大兄皇子《なかのおおえのおうじ》と藤原鎌足《ふじわらのかまたり》が中心になり、蘇我氏《そがし》を倒して大化改新《たいかのかいしん》を行いました。志を同じくする二人を結びつけたのが、当時貴族の遊戯であった蹴鞠であったことは、歴史上有名なエピソードです。鎌倉《かまくら》時代にもたびたび蹴鞠の会が催《もよお》され、今でもその名残《なごり》として、鎌倉の鶴岡八幡宮《つるがおかはちまんぐう》や京都《きょうと》の平安神宮《へいあんじんぐう》で奉納《ほうのう》行事として行われています。

また、世界各国の国賓《こくひん》が来日の折《お》りにも、この古式豊かな行事が京都御所《きょうとごしょ》の庭でたびたび催されます。

このように足で上にはね上げて遊んでいたまりも、次第に空に投げ上げて遊ぶ技に移行したようで、これが大衆化したのは、室町《むろまち》時代です。蜘舞《くもまい》の法師《ほうし》が大道芸として、てまり歌を歌いながら曲《きょく》まりの技を見せたのが評判《ひょうばん》となり、広まったといわれています。

まりは日本の文学にもしばしば登場します。紫式部《むらさきしきぶ》の『源氏物語《げんじものがたり》』「若葉の上」や、清少納言《せいしょうなごん》の『枕草子《まくらのそうし》』にも登場し、室町《むろまち》後期に蹴鞠の名家で知られた飛鳥井雅康《あすかいまさやす》が、永正《えいしょう》3年（1506）蹴鞠の和歌を百首あまりよんでいます。

江戸時代の井原西鶴《いはらさいかく》も、女のまりについて『好色一代女《こうしょくいちだいおんな》』に書いており、一茶《いっさ》の俳句《はいく》にも出てきます。

てまりで有名な良寛《りょうかん》も、漢詩《かんし》や歌にてまりを詠《よ》んだものが多数あります。

良寛の漢詩の一つに

　袖裏毬子直千金

　謂吾好手

　無等匹　此中意旨如相

　問　一二三四五六七

　良寛書

わしがいつも袖《そで》の中に入れている手まりは、千両《せんりょう》の値打《ねう》ちがある。それにわしよりまりつきの上手な者は、ほかにいないだろうよ。もしまりつきの極意《ごくい》を聞かれたら、ひい、ふう、みい、よ、いつ、むう、な、と答えるさ。

子どもたちとてまり遊びをして過ごしたことが、この詩からもうかがえます。

三森九木画・良寛賛「てまりの図」（分水町良寛史料館所蔵）

良寛が遊んだてまり（糸魚川市歴史民俗資料館所蔵）

喜多川歌麿（1754―1806）
筆　婦人手業拾二工・まりかがり
東京国立博物館蔵

類聚近世風俗志　上巻より

また、江戸《えど》時代の版画師《はんがし》、歌麿《うたまろ》の作品の中にも婦人手業《ふじんてわざ》として、てまりをかがっている絵があります。

一方、革のまりから蚕糸《さんし》（絹糸《きぬいと》）を巻《ま》いて作るまりになったのもこの頃のようで、御殿《ごてん》で奥女中《おくじょちゅう》たちが蛤《はまぐり》などの貝類にかけらや砂を入れて、真綿《まわた》で包《つつみ》み、五彩《ごさい》の絹糸でかがってその技を競いました。姫君《ひめぎみ》はお嫁《よめ》入りの時に相手の家を丸くおさめるようにとの願いから、大切に持っていきました。

現在、「御殿《ごてん》まり」とか「姫《ひめ》まり」などと呼ばれている名は、これに由来《ゆらい》するもので、「南部姫《なんぶひめ》まり」「加賀御殿《かがごてん》まり」など、絢爛《けんらん》たる絹糸かがりのまりが、今でも名残をとどめています。

上流階級《じょうりゅうかいきゅう》から一般庶民《いっぱんしょみん》の楽しみへ

このように平安《へいあん》、鎌倉《かまくら》、室町《むろまち》時代には上流階級のものであったてまりが、近世以降民間に広くいきわたるようになったのは、綿が栽培《さいばい》されて木綿糸がたやすく手に入るようになった江戸時代中期以後といわれています。一般庶民の家庭では幼い子どもの玩具《がんぐ》として、祖母や母親たちが好んで作っていたようです。

この頃のてまりの芯《しん》は、暮《く》らしの中で必要に応じて、身近なもの、手に入りやすいものを求め、いろいろ工夫していました。例えば、養蚕《ようさん》の盛《さか》んな地方では、屑《くず》まゆを真綿でくるみ、漁村では海草や海綿《かいめん》を、山村ではぜんまいの新芽《しんめ》についている綿毛を丸めたり。農村ではもみがら、そばがらや燈芯《とうしん》（疊表《たたみおもて》にするい草の芯）を丸めたり、古い布切れなどを古い糸、機織《はたお》りの残り糸で巻き、球状にして、その上をわずかな色糸で模様を表したものでした。これを作った庶民にとっては、この上なく美しいまりに思われたに違《ちが》いありません。

一方、沖縄《おきなわ》や奄美《あまみ》など南方の島じまのまりも庶民的なものが多く、星形や三角形、直線などを組み合わせた模様《もよう》は、魔《ま》よけを意味しているようです。沖縄《おきなわ》の古いてまりには、蝶《ちょう》の模様がかがられているものがありますが、これは中国《ちゅうごく》で88歳《さい》のお祝いの時に使われる模様と同じといわれています。中国から南方の島じまを渡りながら入ってきたのでしょう。わが子の健康と長寿《ちょうじゅ》を願う親の愛情《あいじょう》が伝わってきます。

九州《きゅうしゅう》や四国《しこく》には、雛《ひな》祭りにてまりを飾《かざ》る習慣《しゅうかん》が残っています。鹿《か》児島《こしま》の「金《きん》スケ毬《まり》」は、カンナ屑《くず》などを丸めた上に綿《わた》でおおって、その上に白地や赤、緑の縮緬《ちりめん》に豪華《ごうか》な刺繍《ししゅう》をしてあります。士族《しぞく》の奥方《おくがた》や娘《むすめ》さんたちの晴れ着などを利用して作られたようで、彩《いろど》りの美しい糸でかがって、模様を表したものもあります。

てまり遊びも江戸《えど》後期には女の子の遊びとして広く普及《ふきゅう》していきました。てまりをつく時、数をかぞえることから「てまり歌」が歌われるようになり、各地方によってさまざまな形式のてまり歌が残っています。

ゴムまりの普及《ふきゅう》

明治《めいじ》の文明開化により外国からいろいろなおもちゃが入ってきて、その中にゴムまりがありました。これは明治14～15年（1881～1882）頃ドイツから輸入されたものです。糸まりにくらべてよくはずむので、人気があったようです。しかし、高価だったので、誰《だれ》でも買えるものではなく、一般《いっぱん》に普及したのは、明治後期に国内で製造されるようになってからです。

太平洋戦争中の経済統制《けいざいとうせい》令により、ゴムまりの製造がしばらく中断された時代、野球やまりつきには、祖母や母親の手作りの糸まりが使われました。戦後の昭和24年頃になってゴムまりは復活し、再び子どもたちのまりつき遊びが戻《もど》ってきます。

「日本《にほん》てまりの会」設立

昔《むかし》ながらのまりつきは、さまざまなまりつき歌と共に現在も伝えられていますが、子どもをとりまく環境《かんきょう》の変化によって、だんだん忘れられていきました。そのような状況を危惧《きぐ》した尾崎千代子《おざきちよこ》（著者の実母）が昭和43年（1968)、てまりの作り方を初めて紹介した書籍『てまり12ヶ月』を出版しました。それが契機《けいき》となり、全国各地にてまり愛好者がふえ、それら愛好者からの要望で、昭和54年(1979）に「日本てまりの会」が創立されました。以来、各地の郷《きょう》土《ど》のてまりや、新しい創作てまりの作り方をまとめた書籍を20冊あまり出版しています。昭和55年（1980）からは、毎年外国に日本の

東京《とうきょう》・世田谷区瀬田《せたがやくせた》にある「てまり文庫」

てまり文庫ギャラリー。毎月季節にあったてまりを展示。

てまりを展示《てんじ》、指導《しどう》のためにおもむき、国際交流の一端《いったん》を担《にな》っています。

平成6年（1994）、てまりの収集とより多くの方に伝統あるてまりを知ってもらえるようにと、展示館としての「てまり文庫《ぶんこ》」を開設。毎月テーマを決め、季節にあったてまりを展示しています。

また、次の世代へてまりを伝えるために、夏休みに「母と子のてまり教室」と題して、お母さんと一緒《いっしょ》に共同作業で体験してもらえるよう、教室を設けています。

お年寄《としよ》りから、子どもへ。そして、世界へ。

各地で、「伝統ある日本の民芸品として、てまりを残したい」という気運が高まり、現在では「伝承《でんしょう》てまり」「創作《そうさく》てまり」として盛んになり、小学校、中学校の課外授業でも取り上げられるようになってきました。てまり作りに挑戦している中学生を見ていると、「芯《しん》に糸を巻く」「針《はり》に糸を通す」「糸の玉どめ」といった、縫《ぬ》い物《もの》をする時の基本の作業に大変苦労している姿に、針を持つ機会が少なくなってきていることを知らされました。ただし、できあがった時の喜びは格別《かくべつ》だったようで、「大切にいつまでも飾りたい」「ホームステイ先へのプレゼントにしたい」など、手作りの喜びを実感していたようです。

愛好者は年ねんふえ、「全国てまり作品コンクール」を毎年開催《かいさい》するようになりました。会員であれば、年齢・性別を問わず応募《おうぼ》できるコンクールです。

外国でも日本のてまりは人気があり、フランスのルーブル美術館の東洋館に展示され、お土産品の注文がふえています。

毎年、指導に行くフランスの小学校では、球体の等分の指導教材として日本のてまりを取り上げており、今や世界のてまりになってきています。

年配《ねんぱい》の女性に愛好者の多いてまりでしたが、現在では小・中学生から男性にも愛好者の輪は広がり、実際に作る人もふえています。誰にでも手軽に作ることができて、糸のあやなす精緻《せいち》な幾何学模様《きかがくもよう》は見ていてあきません。モダンなインテリアに似合う創作てまりも次つぎと生まれ、てまりの世界は自由な発想と受けつぐ技術によって、ますます広がっていくことでしょう。

フランス・パリ／ペゼイ氏の教室

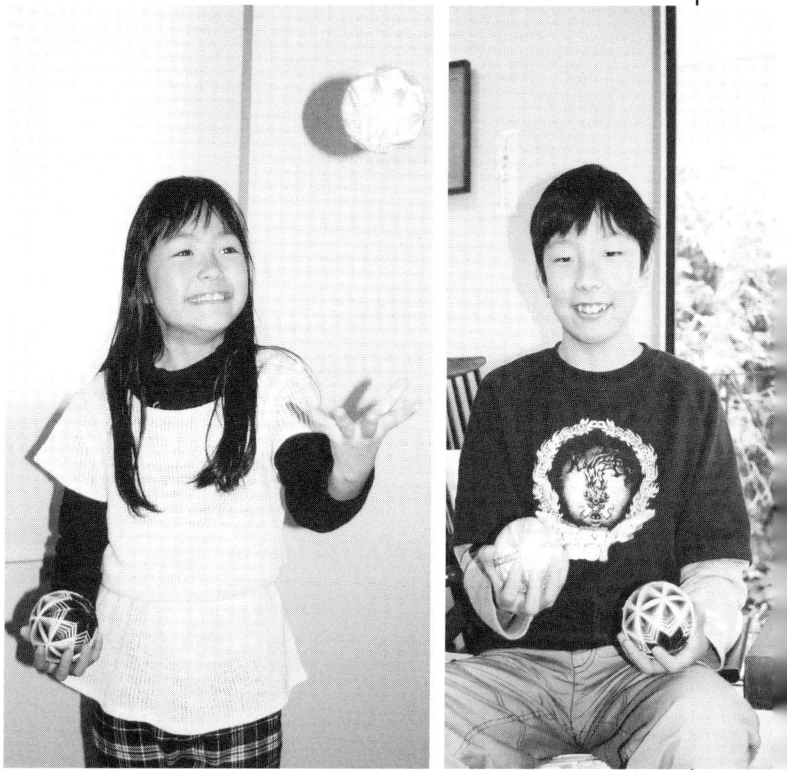

子どもたちも、てまりが大好き

あとがき

子どもが育っていく上で、祖母や母から語りかけられること、手作りのおもちゃで手から手へ伝わるぬくもりを感じること、教えられながら手を動かし覚《おぼ》えていくことは、とても大切なことです。

てまりも今では「飾《かざ》りまり」になっていますが、作品に取り組む中で「手作りの喜び」を子どもたちに伝えられたら、と願っています。

本書がきっかけになり、球体《きゅうたい》のてまりの輪《わ》がどんどん大きくひろがって、人びとの手から手へ、日本中、世界中にてまりをころがしたい夢《ゆめ》でいっぱいです。

日本てまりの会　会長　**尾崎敬子《おざきとしこ》**

昭和6年（1931）東京に生まれる。服飾学校にて洋裁、手芸を学び、卒業後教鞭をとる。結婚後、手芸研究家である実母尾崎千代子より、てまりとマクラメの指導を受け、現在日本てまりの会会長として日本各地をはじめ、外国でも作品を展示、制作指導を行っている。
著書に『私のてまり入門』『江戸てまり』『楽しいてまり遊び』『美しいてまり』がある。

一般社団法人　日本てまりの会

〒158-0095　東京都世田谷区瀬田1-5-12
TEL03-3707-0314　FAX03-3700-5083
E-mail info@nihon-temari.jp
ホームページ http://www.nihon-temari.jp

てまり文庫

住　所　〒158-0095　東京都世田谷区瀬田1-5-12
電話番号　03-3707-0314
開館時間　10:00～17:00（入場16：00まで）
休 館 日　火曜日・毎月最終日（展示替えのため）
夏休み（8月12日～8月18日）
年末休み（12月28日～1月3日）
入 場 料　会員無料／一般300円

撮影 ………………… 文溪フォトサービス
写真提供 ………… 糸魚川市歴史民俗資料館
分水町良寛史料館
装丁・デザイン …… DOMDOM
てまり制作及び
撮影協力 ………… 伊藤和江、飯盛宏子、大村富子、尾崎敬子、金森てる、川合政子、菅家明子、菊池すみ子、木村輝久代、黒田幸子、佐藤綾子、佐藤しづえ、重松あや、清水みち子、進士そよ子、髙原曄子、滝本宏子、竹内マツ子、田中久子、豊田咲子、中谷史子、樋口繁美、前田玉江、三本迦代子、山口孝子、山本敏子、山田美与、冨田　達

■資料図版
P28（上）の図版は、「三森九木画・良寛賛」分水町良寛史料館所蔵
P28（下）の図版は、「相馬御風資料良寛遺品No.2手毬写真」糸魚川市歴史民俗資料館所蔵
P31（左下）の図版は、日本てまりの会本部発行「日本てまりの会2003年No.35」より

てまり TEMARI
2004年3月　初版第1刷発行
2018年4月　第6刷発行

監修 ………………… 日本てまりの会
文 …………………… 尾崎敬子
発行者 ……………… 水谷泰三
発行所 ……………… 株式会社**文溪堂**
〒112-8635
東京都文京区大塚3-16-12
TEL：編集03-5976-1511
営業03-5976-1515
ホームページ：http://www.bunkei.co.jp
印刷 ………………… 凸版印刷株式会社
製本 ………………… 小髙製本工業株式会社
ISBN978-4-89423-385-0／NDC750／32P／257㎜×235㎜